DE LA

LIBERTÉ DE LA PRESSE

AU POINT DE VUE RELIGIEUX

PAR

LE PRINCE AUGUSTIN GALITZIN.

PARIS

CHARLES DOUNIOL, LIBRAIRE-ÉDITEUR

Rue de Tournon, 29

1860

DE LA

LIBERTÉ DE LA PRESSE

AU POINT DE VUE RELIGIEUX

Imprimerie de W. REMQUET et Cie, rue Garancière, 5.

DE LA

LIBERTÉ DE LA PRESSE

AU POINT DE VUE RELIGIEUX

PAR

LE PRINCE AUGUSTIN GALITZIN.

PARIS

CHARLES DOUNIOL, LIBRAIRE-ÉDITEUR

29, rue de Tournon.

1860

DE LA

LIBERTÉ DE LA PRESSE

AU POINT DE VUE RELIGIEUX

————◆◦●◦◆————

Profondément dévoué à l'Église et ennemi de la Révolution, quel que soit son masque, je me suis souvent demandé quelle est la forme de société civile la plus favorable à l'Église, la plus défavorable à la Révolution ; et j'en suis toujours venu à lui souhaiter le régime d'une liberté légale étendue, liberté de discussion, liberté d'association, liberté d'élection, liberté de publicité, en un mot ce qu'on appelle la liberté politique. Ce régime, m'a-t-on aussitôt objecté, suppose une liberté qui est la première de toutes, la possession de son âme, et l'Église réprouve celle-là. Ce n'est pas un de ses pontifes, il est vrai, mais un de ses transfuges qui a déclaré qu'elle était un dogme

diabolique (1); il est clair, toutefois, qu'elle n'est pas
éloignée d'adopter cette opinion, et vous ne pourrez jamais réussir, nous ajoutait-on, à la faire marcher de pair
avec le progrès social.

Il a toujours été évident à mes yeux que c'est le contraire de ce que renferment ces allégations qui est la
vérité.

L'Église a perpétuellement enseigné à ses enfants qu'ils
ne pouvaient pas imiter contre l'erreur et les hérétiques
ce que les tyrans hérétiques ou païens ont fait contre les
confesseurs et les martyrs, et je n'ai été nullement troublé
dans ma conviction par certains faits qui lui sont sans
cesse opposés; car on déplairait certainement aux Papes,
comme l'a observé le comte de Maistre, si on soutenait
qu'ils n'ont jamais eu le moindre tort : leurs rares défauts
plus encore que leurs immenses vertus m'ont persuadé
qu'ils étaient divinement établis pour guider spirituelle-
ment les peuples. Je crois donc l'Église non-seulement
susceptible de marcher de pair avec l'humanité, mais que
celle-ci ne saurait progresser qu'à la lueur du flambeau
dont Dieu lui-même l'a faite la gardienne.

Débarrassée des ténèbres dont on l'enveloppe à dessein,
cette thèse avait besoin d'être soutenue par une autorité
que nul ne pourrait révoquer; c'est le nouveau service que
vient de rendre à la religion monseigneur l'évêque d'Orléans, dans son admirable livre *De la Souveraineté Pontificale* (2), et désormais le principe bien défini de la liberté

(1) *Libertas conscientiæ diabolicum dogma.* Théodore de Bèze, *Epist.
theologicæ.*

(2) V. ch. xxviii, § 2.

de conscience ne peut servir d'arme pour combattre l'Église.

Mais il est une liberté étroitement liée à celle-là qui effarouche un grand nombre de catholiques, et semble les diviser; c'est celle de la liberté de la presse. Convient-il de l'accepter ou de la désirer? Quel est sur ce point le sentiment de l'Église? Un savant prélat l'a exposé il y a quelques années. Après bien des recherches, il m'a été donné de me procurer son lumineux enseignement, et quelques personnes sans doute partageront volontiers le plaisir que m'a causé sa lecture. Par sa date, il ne touche pas au présent; il peut d'autant mieux éclairer sans danger l'avenir.

Est-il permis, se demandait donc il y a treize ans monseigneur Parisis, de réclamer une liberté commune de discussion? Et voilà comme l'illustre évêque en démontrait alors jusqu'à l'évidence la nécessité (1) :

« Un gouvernement comme le nôtre (2), se trouvant armé de la censure, s'en servirait naturellement et nécessairement avant tout dans ses propres intérêts; c'est-à-dire qu'avec cette arme terrible il écarterait d'abord impitoyablement tout ce qui pourrait le gêner. Or, ce qui gêne avant tout un gouvernement qui ne reconnaît aucune au-

(1) *Cas de conscience à propos des libertés exercées ou réclamées par les catholiques*, ou *Accord de la doctrine catholique avec la forme des gouvernements modernes*. Paris, 1847, p. 135 et suiv.

(2) Le lecteur ne perdra pas de vue que c'est du gouvernement du roi Louis-Philippe qu'il est question.

torité morale supérieure à sa puissance, c'est le blâme infligé à ses actes ; et plus la voix qui exprime ce blâme a d'indépendance et d'austérité, plus elle est pour lui importune, odieuse et gênante.

« Ne nous faisons pas illusion ; sous ce rapport, la voix la plus gênante pour les prétentions inconstitutionnelles du gouvernement, c'est celle des catholiques, et surtout celle des évêques. Si le gouvernement voulait rester dans la sphère purement civile que la Charte lui a circonscrite, la libre expansion du catholicisme ne serait pour lui que la plus précieuse des ressources, en ce qu'elle donnerait la vie morale à ce corps de la société dont les puissances humaines ne peuvent atteindre que les organes extérieurs.

« Mais nous savons, à n'en pouvoir douter, que le pouvoir qui nous gouverne ne comprend pas ainsi les choses religieuses ; qu'il tend, au contraire, de toutes ses forces et par tous les moyens, à faire de la religion, non plus un libre et généreux auxiliaire, mais un serviteur enchaîné, ne fonctionnant plus que pour le profit et selon le caprice d'un maître sans Dieu.

« Qui est-ce qui arrête encore le pouvoir dans cette redoutable et continuelle tendance ? Un seul obstacle : la liberté de la presse catholique. Sans cela, sans la crainte incessante des réprimandes consciencieuses et des blâmes énergiques de cette presse incorruptible, au moins dans ses principes, ni les éloquents discours de quelques pairs et de quelques députés à la tribune, ni les réclamations confidentielles et pressantes de tout l'épiscopat, ni même les protestations officielles et diplomatiques du Saint-Siége, ne pourraient l'arrêter: il irait droit à son but, qui est l'asservissement de l'Église par la domination inévitable d'une autocratie déguisée sous le faux nom d'État.

« Maintenant, que l'on mette les ciseaux tout-puissants de la censure préalable entre les mains d'un tel pouvoir : n'est-il pas évident que nous aurions, sous très-peu de temps, et l'exécution littérale de ces articles nommés organiques, bien qu'ils ne soient que la désorganisation audacieuse du concordat, et l'application rigoureuse de toutes les lois, ordonnances et règlements enfantés par ces articles que Rome a cent fois réprouvés, et enfin, pour compléter le régime d'abaissement et d'esclavage moral, le règne exclusif et le monopole absolu de l'enseignement rationaliste ?

« Or, tout cela, que serait-ce, sinon l'étouffement de toutes les consciences chrétiennes par la destruction de toute autorité religieuse et de toute doctrine révélée ?

« Ici on nous arrête, et l'on nous représente que, si d'un côté la censure occasionnait quelque gêne à l'action du catholicisme, de l'autre elle lui épargnerait toutes les douleurs et tous les dangers qui lui viennent des horribles scandales de la presse impie et licencieuse.

« Nous répondrons d'abord, sans hésiter, que l'Église aime incomparablement mieux vivre libre au milieu des scandales que d'être, n'importe sous quel régime, privée de sa liberté dans les points essentiels. Libre, elle a triomphé des scandales monstrueux de l'ancien paganisme ; opprimée et muette, elle tombe en morceaux sous le niveau impitoyable de la civilisation moscovite. Les scandales sont une nécessité de sa position sur la terre ; son divin fondateur le lui a formellement prédit : *Necesse est*

enim ut veniant scandala (Math. xviii, 7); mais la privation
de la liberté, et surtout de la liberté de la parole publique,
de la parole proclamée à la multitude et retentissante sur
les toits, cette privation, c'est pour l'Église une condition
tout à fait mortelle. La parole de salut, la parole de vérité,
la parole qui combat incessamment les erreurs et les vices,
et qui dit à tous, quand il le faut : *Non licet ;* cette parole,
c'est la respiration de l'Église ; elle ne peut absolument
pas s'en passer: étouffer cette parole en elle, c'est l'étouffer
elle-même.

« Ainsi, qu'on livre nos corps aux prisons, aux chaînes,
aux échafauds, pourvu que nous répandions la parole et la
vie, nous ferons des chrétiens et nous sauverons des âmes :
nous ne sommes prêtres que pour cela, que nous importe
le reste ?

« Mais de la tranquillité, des égards, des avantages tem-
porels quels qu'ils soient, achetés au prix du mutisme de
l'Eglise, malheur à nous si nous en voulions jamais ! Une
civilisation qui tiendrait la vérité captive sous les caprices
et les calculs du pouvoir matériel, quelque parfaite, quelque bienfaisante même qu'on la suppose à certains égards,
ne serait toujours aux yeux de la foi qu'un esclavage sacri-
lége, et aux yeux de la raison que la voie à la dernière
dégradation humaine. Non, nous ne voulons pas et nous
ne pouvons vouloir à aucun prix d'une telle civilisation.

« Donc, quand même il serait vrai que la censure, entre
les mains du gouvernement, dût comprimer la presse licencieuse, si en même temps elle devait étouffer la voix
du catholicisme, il faudrait la repousser et lui préférer la
liberté actuelle avec tous ses inconvénients.

« Mais en serait-il ainsi, et ce droit de mesures préventives contre la presse, dont le gouvernement se servirait certainement pour opprimer l'Eglise, en ferait-il au moins également usage contre les écrits anti-catholiques et contre les publications immorales ? Nous osons affirmer qu'il ne le ferait pas.

« Nous avons prouvé bien des fois, et nous venons de montrer encore que la tendance naturelle et incessante de la politique actuelle est d'affaiblir le catholicisme afin de le dominer, afin de lui ôter une indépendance qui gêne certains projets d'unité rationaliste et d'en faire un rouage au service du système centralisateur. Or, quoi de plus favorable à cette tendance que la libre circulation de toutes les opinions et de toutes les imputations anti-catholiques ? Le gouvernement ne pourrait donc arrêter spontanément le cours de ces écrits favorables à ses vues sans vouloir se contredire et se combattre lui-même, ce qu'il n'est pas possible de supposer. Il veut la fusion de tous les cultes dans le creuset de la législation civile. Or, comme la doctrine catholique est ce qui résiste le plus à cette fusion, il lui importe d'affaiblir, par tous les éléments du doute, la croyance à ces doctrines; et l'on comprend combien serait efficace, pour arriver à ce résultat impie, l'action incessante et désormais unique de la presse tout à la fois rationaliste et gouvernementale. Rien ne serait donc amélioré du côté des attaques à la foi : seulement ces attaques pouvant être combinées à loisir, seraient probablement moins furieuses, elles seraient plus voilées, plus honnêtes, et par cela même beaucoup plus efficaces.

« La seule morale véritablement protégée par un gouvernement comme le nôtre se résume à deux points : l'adoration du pouvoir et le maintien de la tranquillité matérielle. Tout ce qui pourrait porter atteinte à l'un de ces deux points serait certainement empêché, réprimé, poursuivi à l'excès; mais pour ce qui offenserait l'innocence du cœur, la pureté de la conduite, la délicatesse des sentiments, et tout cet ensemble de devoirs privés que recommande et protége la conscience chrétienne, on peut être bien sûr que la censure civile ne s'y opposerait aucunement : d'abord parce que notre Code français ne comprend pas ces désordres parmi les délits légalemeut punissables ; ensuite parce que les magistrats chargés de la censure y seraient presque toujours indifférents ; enfin, et surtout, parce que les hommes profondéments politiques, dont le système est d'avoir des peuples soumis avant tout à leur volonté quelle qu'elle soit, ne tiennent pas plus à la pureté chrétienne des mœurs privées qu'à l'intégrité catholique de la foi. Que dis-je ! ils redoutent autant l'une que l'autre. Oui, que l'on en soit bien sûr, les hommes qui veulent imposer à la France le joug d'un gouvernement sans culte, redoutent des consciences timorées presque autant que des croyances exclusives, parce qu'ils savent que les unes et les autres peuvent leur opposer, dans l'occasion, des résistances sérieuses, et par cela même leur causer, comme ils disent, des embarras : car la morale est à la conscience ce que la foi est à l'esprit : c'est une règle inflexible, c'est une loi suprême à laquelle tout doit céder.

« Mais, comme nous l'avons dit, et comme on le sait d'ailleurs, les hommes qui dirigent la France n'entendent pas qu'il puisse y avoir dans les individus rien d'inflexible ni rien de suprême en présence de leurs volontés législatives. Or, pour arriver à faire accepter par un peuple catholique depuis quatorze cents ans cette doctrine étrange, que tout est permis quand la loi civile le commande, évidemment il faut altérer la délicatesse et l'énergie des consciences chrétiennes, en même temps qu'il faut obscurcir la lumière des croyances révélées. Mais quoi de plus propre à produire à la longue une altération profonde dans les sentiments délicats et puissants produits par la morale évangélique et par la foi chrétienne, que la lecture journalière de ces œuvres essentiellement pervertissantes, qui ont tant de vogue aujourd'hui, véritables œuvres de ténèbres, où tous les principes moraux sont bouleversés et méconnus, où les vertus les plus célestes n'inspirent que du mépris et de la haine, où les vices les plus abjects paraissent dignes d'estime et d'amour, où les sacrifices héroïques inspirés par la religion sont bafoués et noircis, tandis que toutes les scélératesses heureuses sont préconisées et rendues désirables ?

« Non, nous ne pouvons pas en douter un instant ; non, le gouvernement devenu souverain arbitre de la presse n'arrêterait pas plus ces publications fatales à la moralité chrétienne, qu'il n'empêcherait la circulation des livres contraires à la foi catholique. Ici les preuves abondent et surabondent. Toute l'expérience du passé, tous les faits publiés, surtout depuis seize ans (1), viennent témoigner en masse à l'appui de nos preuves.

(1) « Il faut bien reconnaître cependant que cette expérience est antérieure à la révolution de 1830. Sous la Restauration, la censure a plu-

« On a intenté d'innombrables procès à la presse périodique ; lui en a-t-on fait un seul pour ses blasphêmes anti-
chrétiens, ou pour ses feuilletons immoraux (1) ?

« Le gouvernement a ses feuilles, notoirement stipendiées
par lui et connues pour être ses organes. Ont-elles été
plus retenues que les autres sur ces deux points ? N'ont-
elles pas, au contraire, rivalisé avec les plus mauvaises
par leurs attaques contre le catholicisme, contre ses prêtres, contre ses œuvres, et par le cynisme de leurs romans
démoralisateurs ?

sieurs fois exercé son règne inflexible, et cependant jamais les livres
mauvais en tous genres n'ont été répandus avec une plus effroyable pro-
fusion, à tous les prix et sous toutes les formes. D'après le rapport du
directeur de la librairie sur la réimpression d'ouvrages divers, depuis le
mois de février 1817 jusqu'au 31 décembre 1824, il a été reconnu que,
dans l'espace de moins de huit ans, *plus de deux millions sept cent mille
volumes d'ouvrages impies, athées, séditieux, immoraux, obscènes, furent
imprimés dans la capitale !* Et dans cet effroyable inventaire, on n'a
compris ni ces mêmes réimpressions faites en province, ni les ouvrages
nouveaux du même genre qui furent alors publiés.

« Cependant la Restauration avait, pour arrêter le cours des ouvrages
anticatholiques, un motif et un moyen que n'a pas le gouvernement de
juillet, puisqu'alors, la religion catholique étant celle de l'État et se trouvant identifiée avec lui, on avait un intérêt, même politique, à la préser-
ver de ces atteintes. Cependant on ne l'a pas fait. Nous croyons même que
la censure, en n'opposant au mal qu'un obstacle impuissant, en a rendu
encore le débordement plus terrible. N'est-il pas évident qu'il en serait
certainement de même aujourd'hui ? »

(1) « Depuis que cet ouvrage est composé, on a poursuivi une feuille
périodique à l'occasion d'un feuilleton licencieux ; mais c'était un journal
de l'opposition, et il est bien reconnu, comme nous le disons, que les
journaux du gouvernement en ont publié de bien plus dangereux pour les
mœurs et surtout pour la foi. Ce fait récent ne diminue donc en rien la
valeur de nos assertions. »

Et cependant, jusqu'à ce jour, le gouvernement a dû être encore plus ou moins retenu par la crainte des reproches mérités que lui inflige pour ce scandale la presse religieuse. Que serait-ce donc si cette presse, qui fait encore notre salut, malgré son insuffisance, ne pouvait plus lui adresser aucune parole publique d'improbation et de blâme ?

« Maintenant, conçoit-on pour la cause catholique une situation plus cruelle, plus intolérable et plus ruineuse que celle où tous les genres d'imputation, de dénigrement et de calomnie seraient librement exercés contre elle sans qu'il lui fût permis de se justifier; où tous les poisons de l'erreur et du vice circuleraient affranchis de tout obstacle, sans qu'elle pût y opposer publiquement le remède divin de la seule vraie et pure doctrine ; enfin où l'attaque serait ouverte à tous les ennemis de l'église, et où le seul moyen de défense qui lui reste, l'usage de la parole, lui serait rendu impossible?

« L'église, dans cette position inouïe, ne ressemblerait-elle pas à une armée puissante magnifiquement rangée en bataille, mais immédiatement exposée au feu de ses ennemis sans pouvoir ni se défendre, ni se détourner, ni s'enfuir, ni se plaindre, de telle sorte que l'on pût faire mourir jusqu'au dernier des soldats qui la composent sans avoir à redouter ni le danger de leur résistance, ni même le bruit de leurs gémissements ? C'est ce qui s'opère en Russie ; c'est ce que certains hommes d'État rêvent parmi nous ; c'est ce qui deviendrait partout possible si de tels hommes avaient le pouvoir exclusif et discrétionnaire de faire taire et de faire parler la presse à leur gré.

« Ah ! si jamais, ce qu'à Dieu ne plaise, la sainte Église catholique, notre mère, venait à se trouver en France dans cette situation extrême et désespérée, qui de nous alors ne ferait des vœux ardents pour qu'on lui rendît au moins cette liberté commune à tous, dans laquelle elle vit et parle aujourd'hui ?

« La censure serait donc alors pour l'Église un mal incomparablement plus funeste que la liberté actuelle de la presse. Nous pouvons donc, sans manquer à nos principes catholiques, et même nous devons donc, en vertu de ces principes, préférer cette liberté de la presse, malgré ses énormes abus, au régime de cette censure préalable exercée par le gouvernement. »

Supposons aujourd'hui que, par hasard, le clergé de la petite principauté de Schaumbourg-Lippe ou de celle de Schwarzbourg-Sondershausen eut à se prononcer pour un régime légal ou l'arbitraire dans la presse, il adoptera assurément, croyons-nous, l'opinion du vénérable évêque d'Arras.

Paris. — Imprimerie de W. REMQUET et Cie, rue Garancière, 5.

A LA MÊME LIBRAIRIE.

LE GÉNÉRAL DE LAMORICIÈRE; par le vicomte de MEAUX. In-8. 50 c.

LETTRE A M. LE COMTE DE CAVOUR, président du conseil des Ministres de Turin; par le comte Charles de MONTALEMBERT, de l'Académie française. In-8. 50 c.

PIE IX ET LA FRANCE, en 1849 et 1859, par M. le comte de MONTALEMBERT, membre de l'Académie française. Deuxième édition. 60 c.

LA BROCHURE LE PAPE ET LE CONGRÈS, LETTRE A UN CATHOLIQUE; par Mgr l'évêque d'Orléans. In-8. 80 c.

SECONDE LETTRE DE MONSEIGNEUR L'ÉVÊQUE D'ORLÉANS à un catholique sur le démembrement dont les États pontificaux sont menacés. In-8. 80 c.

LETTRE DE MONSEIGNEUR L'ÉVÊQUE D'ORLÉANS à M. Grandguillot, rédacteur en chef du *Constitutionnel*. In-8. 80 c.

RÉPONSE de Mgr l'évêque d'Orléans à M. le baron Molroguier. In-8 50 c.

LA FRANCE, L'EMPIRE ET LA PAPAUTÉ. Question de droit public; par M. VILLEMAIN, membre de l'Institut. In-8. 80 c.

LES DROITS DU PAPE. Réponse à la brochure le *Pape* et le *Congrès*; par M. POUJOULAT. In-8. 1 fr.

LE PAPE ET LA LIBERTÉ; par M. POUJOULAT. In-8. 80 c.

RÉPONSE A LA CIRCULAIRE DE M. LE MINISTRE DES AFFAIRES ÉTRANGÈRES relative à l'Encyclique du Pape; par M. POUJOULAT. In-8. 80 c.

LE CABINET ANGLAIS, L'ITALIE, LA FRANCE ET LE CONGRÈS; par lord NORMANBY. Traduit sur la seconde édition, par M. AUDLEY. In-8. 1 fr.

LE GRAND-DUC FERDINAND IV ET LA TOSCANE; par le vicomte de VALORI. In-8. 1 fr.

LE PAPE ET LA CONFÉDÉRATION ITALIENNE; par M. le vicomte de VALORI. In-8. (*Épuisé.*)

LA MAISON DE LORRAINE; par M. le vicomte de VALORI. In-8. 1 fr.

LES DROITS DU PEUPLE, LETTRE A M. H. DE RIANCEY; par M. le vicomte de VALORI. In-8. 50 c.

L'AUTRICHE ET LE PIÉMONT. Appel à l'histoire, par le prince H. de VALORI. In-8. 3 fr.

L'ENCYCLIQUE et les libertés de l'Eglise gallicane; par E. KELLER, député au corps législatif. In-8. 1 fr.

DE L'INVIOLABILITÉ PAPALE. Quelques mots sur la question italienne; par M. Léonce DE GUIRAUD. In-8. 50 c.

LE PIÉMONT AU BAN DE L'EUROPE, par Henri de VALORI. In-18. 15 c.

LA SOUVERAINETÉ PONTIFICALE selon le droit catholique et le droit européen; par Mgr l'évêque d'Orléans, de l'Académie française. In-8. 7 fr.

DU DEVOIR DANS LES CIRCONSTANCES ACTUELLES. Question italienne; par M. DE FALLOUX, de l'Académie française. In-8. 50 c.

LA QUESTION ITALIENNE ET L'OPINION CATHOLIQUE EN FRANCE; par M. Augustin COCHIN; précédée d'une lettre du P. Lacordaire. In-8. 80 c.

LA LETTRE IMPÉRIALE ET LA SITUATION; par M. le prince Albert DE BROGLIE. In-8. 50 c.

DE LA DESTRUCTION DU POUVOIR TEMPOREL DU PAPE; par César Balbo. In-8.   50 c.

QUELQUES MOTS DE VÉRITÉ SUR NAPLES; par M. le vicomte Anatole Lemercier. In-8.   1 fr.

QUESTION ITALIENNE. Un ouvrier entre le *Pape* et le *Congrès*; par M. Theulier, ouvrier, peintre en bâtiments. In-8.   50 c.

DE LA PUISSANCE DES MOTS DANS LA QUESTION ITALIENNE; par M. le comte Franz de Champagny. In-8.   80 c.

A QUI LA FAUTE? ou origine de la question romaine; par M. l'abbé Vervorst. In-8.   1 fr. 25

AUX CATHOLIQUES et aux hommes de bonne foi. Quelques questions sur la papauté; par M. l'abbé Fabre, du diocèse de Rodez. In-8.   80 c.

DE L'AUTORITÉ DES FAITS ACCOMPLIS; par M. Armand-Louis Ménard. In-8.   50 c.

LA FRANCE ET LE PIÉMONT, Italie et Savoie; par Prosper Rambaud. In-8.   50 c.

LETTRE A NOS COMMETTANTS; par MM. de Cuverville (des Côtes-du-Nord), Keller (du Haut-Rhin), le vicomte Anatole Lemercier (de la Charente-Inférieure). In-8.   30 c.

LETTRE D'UN VENDÉEN à M. le ministre des affaires étrangères, en réponse aux pièces diplomatiques destinées à combattre l'Encyclique du Pape; par H. Grimouard de Saint-Laurent. In-8.   50 c.

QUE FAIRE POUR LE PAPE? par H. Grimouard de Saint-Laurent. (*Épuisé*).   50 c.

PAPAUTÉ ET MAZZINISME, par MM. A. D. et P. O. In-12.   2 fr. 50

QUESTION ROMAINE. Croisade, par M. le comte de Cosnac. Grand in-8.   80 c.

DES ANTÉCÉDENTS et des conséquences de la situation actuelle; par le comte de Falloux, de l'Académie française. In-18.   50 c.

LA FRANCE A ROME et le futur royaume d'Italie; par Charles de Riancey. In-18   50 c.

ORAISON FUNÈBRE des volontaires catholiques de l'armée pontificale, morts pour la défense du Saint-Siége; par Mgr l'évêque d'Orléans. In-8.   60 c.

LES VOLONTAIRES PONTIFICAUX A CHEVAL; par le comte de Tournon.   50 c.

LE PAPE-ROI; par Ernest Gervais. In-8.   80 c.

LE MINISTÈRE PUBLIC ET LE BARREAU, leurs droits et leurs rapports, avec une introduction de M. Berryer. 1 vol. in-8.   3 fr.

DE LA LIBERTÉ DE L'HISTOIRE; par Amédée Lefèvre-Pontalis, avocat à la Cour de Paris. In-8.   1 fr.

UNE PERSÉCUTION DU CHRISTIANISME EN 1860. Les derniers événements de Syrie; par François Lenormant. 1 vol. in-8.   2 fr. 50